1 MONTH OF
FREE
READING

at

www.ForgottenBooks.com

By purchasing this book you are eligible for one month membership to ForgottenBooks.com, giving you unlimited access to our entire collection of over 1,000,000 titles via our web site and mobile apps.

To claim your free month visit:

www.forgottenbooks.com/free696246

ISBN 978-0-666-08881-9
PIBN 10696246

MEXIQUE

SON HISTOIRE.
SA GÉOGRAPHIE. SON CLIMAT. SES CULTURES.
SES MINES D'OR ET D'ARGENT.

PAR

E. C. DE RINJAR

Prix : 50 centimes

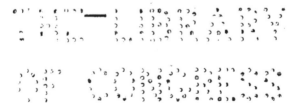

PARIS

LEDOYEN, LIBRAIRE-ÉDITEUR

GALERIE D'ORLÉANS (PALAIS-ROYAL)

ET DANS TOUTES LES LIBRAIRIES

LE MEXIQUE

I

Considérations générales

Au moment où les soldats de la France combattent dans des régions lointaines pour la cause de l'ordre et de la civilisation, le pays dans lequel ils vont continuer la série de leurs héroïques exploits ne peut pas nous être indifférent. Notre pensée les suit par delà les mers et s'arrête avec un légitime pressentiment d'orgueil sur ces belles plaines qu'ils vont illustrer par leurs victoires.

Et certes, ce ne sont pas des pays ordinaires, que ceux où nous allons porter le calme et rétablir le règne des lois. Nulle terre au monde ne mérite, à plus juste titre, les sacrifices que nous nous imposons pour elle, nul ciel n'est plus pur, nul sol plus riche en productions, en trésors de toute sorte, par conséquent plus capable de nous payer de nos efforts.

Quand le voyageur venu de nos plages européennes où la vie est si resserrée, s'égare dans ces vastes solitudes où Dieu a versé à pleines mains des richesses merveilleuses, quand il voit les champs sans culture, les

campagnes sans habitants, les routes exploitées par le
brigandage, partout le désordre, la démoralisation, le
dégoût qu'amène l'anarchie, il est saisi d'une profonde
tristesse et il se demande avec douleur dans quels mysté-
rieux desseins Dieu a pu faire le désert là où était la vie,
et mettre pour ainsi dire en jachère des terres immenses
sur lesquelles les plantes parasites usurpent la place de
cultures qui nourriraient cent millions d'hommes !

Par quelle succession d'accidents, de déplorables ca-
lamités à dû passer un peuple brave, généreux, passion-
né, pour en arriver à un tel degré d'abaissement qu'il
lui faut se résigner à être conquis. Quel passé de dou-
leurs, de tyrannies, de tortures ! On se reporte involon-
tairement vers cette invasion égoïste et brutale qui renversa tout et ne sut rien édifier. L'anarchie qui désole
le Mexique est due, il faut bien le dire, en partie à
l'oppression espagnole. La métropole sema dans la colonie des germes de discorde qui ont porté leurs fruits :
c'est un vif besoin d'activité, après des âges de sommeil,
c'est une ardente fièvre de vie politique, après des siècles de mort, qui a fait le Mexique ce qu'il est, et
l'Espagne a moins que toute autre nation le droit de se
plaindre d'un mal dont elle est cause.

Telles sont les pensées qui assaillent le voyageur que sa
destinée a conduit dans cet Eldorado inculte. Mais voilà
que sur une hauteur voisine il a vu flotter un lambeau
de soie, et il se prend à espérer ; la confiance renaît dans
son cœur. C'est que derrière ce drapeau il y a la France
tout entière qui guérit par le fer, donne la vie par la mort,
civilise par la guerre. Là où il flotte, ce drapeau, il y a le
pain arrosé de sueurs, il y a le travail de tous les jours

et son action moralisatrice. A côté de ce drapeau et sous ses plis protecteurs, l'homme fonde la famille sur l'assise de la sécurité.

La sécurité, en effet, est la base éternelle sur laquelle reposent les sociétés, et cette sécurité ne s'obtient que par un échange de sacrifices entre les membres d'un même corps. Un contrat tacite lie les citoyens de l'État les uns aux autres par l'entremise de la loi. C'est cette loi qui tient serrées des familles nombreuses sur un aride rocher à peine suffisant à les nourrir, c'est l'absence de cette loi qui les retient d'aller demander à un sol plus généreux, à celui du Mexique par exemple, la subsistance qui leur manque.

Là en effet la désorganisation est à son comble : plus de travail, plus d'industrie, nul lendemain. Entre Vera-Cruz et Mexico la diligence est arrêtée souvent pour ne pas dire toujours. On risque à la vérité beaucoup plus d'être volé que d'être assassiné, et comme il est arrivé quelquefois que les voyageurs sont partis sans argent, on a osé un jour afficher sur les murs de Mexico l'avis suivant, auquel on s'est sans doute conformé avec empressement.

« *Le général des bandes* ayant été informé que les voyageurs se dispensent d'emporter une somme raisonnable avec eux, les prévient que ceux qui ne seraient pas porteurs de douze piastres, (pourquoi pas cinquante) seront bâtonnés. » — A la bonne heure. Mais dira-t-on, il y a les escortes? Oui, si les escortes ne s'entendaient pas avec les bandes !

Dans un tel état de choses le moral ne tarde pas à s'affaisser. Point de littérature, point d'instruction, nul sentiment des arts. Les hommes y sont joueurs et dissipés, violents et irrésolus, hypocrites et menteurs, incapables de suite et dont il faut se défier, les femmes ignorantes et légères et bien dignes du milieu où elles vivent; et nul espoir de voir s'améliorer une situation si déplorable. Les exceptions honnêtes y sont infiniment rares et l'exemple de l'immoralité vient d'en haut.

Il y a là tout un peuple à réformer; il le faut, tout le monde en comprend la nécessité.

On se demande en effet, si, à côté des sociétés particulières, instituées en vue du bonheur, du bien-être de chacun, il n'y a pas une société générale qui a son rôle et son but ici-bas, et si dans cette société où l'individu s'efface pour faire place aux agglomérations d'individus, il n'y a pas de peuple à peuple une réciprocité de devoirs? S'il en est ainsi, pour que le but soit atteint et le rôle rempli, ne faut-il pas que chaque nation tienne sa place dans le concert, marche dans les voies que Dieu a manifestement ouvertes devant elle et fournisse enfin son contingent à la civilisation, selon ses forces et ses moyens? Le jour où pour quelque cause que soit, ce contingent vient à manquer, quand il est évident que le mal est à son comble et qu'une catastrophe finale est imminente, c'est à la nation que Dieu a faite grande, forte, entreprenante et généreuse entre toutes, qu'incombe le devoir de faire rentrer ce peuple malheureux dans la voie normale et de faire respecter la grande loi d'intérêt général. Dans ces conjonctures critiques, les peuples égoïstes se tiennent en arrière, sauf a expier plus tard leur égoïsme, les politiques sages et prévoyants marchent en avant sans compter les sacrifices; la postérité leur tient compte de leurs efforts, et c'est cette noble abnégation qui fait d'une nation la première nation du monde.

Dans un opuscule qui n'a pas à traiter de matières politiques, nous ne rechercherons pas les causes qui ont amené l'expédition. Nous n'approfondirons pas cette scission subite qui s'est produite dans les conseils des puissances, nous ne déduirons pas les effets probables de cette guerre, ses inévitables résultats, tant pour le Mexique que pour le reste du monde : nous nous bornerons à faire connaître succintement l'histoire de ce beau pays, sa situation géographique, ses divisions territoriales, sa température, ses cultures et ses richesses minérales.

II

Histoire

En l'an 1519, trente ans environ après la découverte de l'Amérique, un jeune capitaine espagnol du nom de Fernand-Cortez, parti de l'île de Cuba pour aller chercher des terres nouvelles, débarqua dans le port de San Juan de Ulloa avec onze petits navires, cinq cent huit fantassins, seize cavaliers, trente-quatre mousquets et quelques pièces d'artillerie. Ce fut une apparition terrible dans ces pays, et la nouvelle en parvint rapidement à Mexico, capitale de l'empire. — Là, régnait une famille puissante appartenant à la race des Aztèques qui, venue du nord, s'était quelques siècles auparavant emparée de tout le pays et faisait peser une dure oppression sur les indi-

gènes qui obéissaient encore à leurs caciques. — Cette oppression des empereurs aztèques avait semé le mécontentement partout, et la division des esprits ne fut par un
des moindres avantages de Cortez : elle lui fut d'un grand
secours dans la suite, et l'espoir qu'il en conçut tout
d'abord l'affermit dans l'inébranlable résolution de
mourir ou de vaincre. Enflammé d'ambition, le jeune
capitaine mit tout en jeu pour le triomphe, sa vie et celle
de ses compagnons, et pour que le doute, le dégoût, les
défaillances ne vinsent pas se mettre en travers de ses
hardis desseins, il brûla ses vaisseaux et resta seul avec
500 soldats, obligé de vaincre des millions d'hommes.
— Il se mit en marche pour se rendre à Mexico, et reçut
sur sa route les envoyés de l'empereur qui lui portaient
de riches présents et le sommaient en même-temps de se
retirer. Les échantillons de la richesse du pays qu'on lui
montrait si imprudemment ne firent qu'exciter sa cupidité, et il n'en fut que plus pressé d'arriver au centre de
cet empire dont les Indiens lui racontaient les merveil-
les. — Où est l'or, avait-il accoutumé de dire, et les Indiens lui montraient le nord. Quelles incalculables richesses ne devait pas contenir la capitale d'un empire
où abondaient les mines aurifères ! Ces pensées préoccu-
paient Cortez et lui donnaient des ailes.

Il n'avança pas toutefois sans obstacles ; il eut à combattre les habitants de Tlascala qui, vaincus, devinrent plus
tard d'utiles auxiliaires, et il arriva enfin à Mexico, au milieu du respect et de l'étonnement des indigènes. Là, il fut
très-bien accueilli de l'empereur ; mais des réflexions
douloureuses ne tardèrent pas à l'assaillir ; il se voyait
entouré d'un peuple immense qui commençait à s'inquié-

ter de le voir séjourner si longtemps ; il entendait parler de complots contre sa vie et celle de ses compagnons ; alors, il se tira du péril par un trait d'audace dont l'histoire ne fournit pas d'autre exemple. Il se rendit au palais, fit part de ses craintes à l'empereur, parla haut, menaça et le fascinant par sa volonté de fer, il le détermina à venir se confier à la garde de ses soldats. Montézuma suivit son vainqueur les yeux inondés de larmes, commandant le respect et la soumission à ses sujets prêts à mourir pour lui, et il resta prisonnier de ses hôtes.

A la même époque, l'aventurier courut un plus grand danger. Le gouverneur de Cuba, Vélasquez, dont il avait méconnu l'autorité, pour se rendre indépendant, envoya contre lui une troupe nombreuse. Cortez s'avança contre elle, laissant Mexico et l'empereur à la garde de cent cinquante soldats, la vainquit, sut l'attirer dans son parti et ses forces en furent doublées. Cependant l'empereur était toujours prisonnier ; le peuple de Mexico irrité de la captivité de son souverain, de l'orgueil, de l'arrogance des Espagnols, se révolta et devint implacable et féroce envers ces audacieux étrangers. Ce fut dans une de ces révoltes que Montézuma, forcé de parler du haut d'une galerie, reçut une pierre à la tempe. Il eût pu facilement guérir de sa blessure, mais désespéré, abreuvé de dégoûts, il arracha l'appareil et se laissa mourir de faim.

Dès ce moment Cortez n'ayant plus en son pouvoir l'ôtage qui lui répondait de sa vie et de celle de son armée, songea à quitter Mexico. Il se mit donc en route ; mais sa retraite ne fut pas heureuse : il y perdit plusieurs officiers de distinction ; deux mille Tlascalans auxiliaires y périrent, et enfin, après six jours de marche, il arriva à Otambo. Au moment où il se croyait hors de danger, une armée nombreuse lui ferma la marche. Cortez, sans donner à ses soldats le temps de la réflexion, les mena à la charge, et après de longs combats où il fut toujours vainqueur, voyant que l'armée mexicaine ne reculait pas, et sentant bien que le nombre finirait par l'emporter sur la valeur, il se précipita sur l'étendard de l'empire et s'en empara. L'armée mexicaine fut saisie d'une terreur panique et la victoire fut complète.

Cortez fut bien reçu par les Tlascalans et se prépara à de nouveaux combats.

Mais affaibli comme il était, réduit à une centaine d'hommes, qu'eût-il pu entreprendre contre un si puissant empire, si son incroyable fortune ne l'eût servi en cette circonstance comme elle l'avait fait déjà plusieurs fois, et comme elle devait le faire encore! Vélasquez ne doutant pas que les soldats qu'il avait envoyés contre Cortez fussent victorieux, envoya des renforts à sa petite armée qui, comme nous le savons, était incorporée dans celle de Cortez. Celui-ci, avec son habileté ordinaire, attira à lui ces soldats et se retrouva ainsi à la tête de vingt chevaux et de deux cents hommes. C'est avec ces faibles forces et un corps nombreux de Tlascalans qu'il se remit en marche contre Mexico.

Le nouvel empereur s'appelait Quettaraca : c'était un ennemi digne de Cortez. Il fit des préparatifs qui annonçaient un esprit ferme et décidé, mais il fut emporté par la petite vérole.

Cortez, à son entrée sur les terres de l'ennemi, trouva partout des dispositions prises pour l'arrêter. Il résolut alors d'attaquer la ville par le lac, fit construire des brigantins, et pendant les loisirs que lui laissait ce travail, il fomenta avec habileté le mécontentement parmi les Indiens, en incorpora un nombre considérable dans sa troupe, et l'empereur vit marcher contre lui ses propres sujets.

Dans ce temps-là l'aventurier eut à étouffer une révolte dans son armée, mais averti à temps il fit pendre le chef des révoltés, et, instruit de tout, il se garda bien de laisser voir qu'il savait la part que ses compagnons avaient prise au crime. Ce fut dans ces dispositions qu'il les lança contre la ville.

La lutte fut terrible, acharnée. Les Mexicains montrèrent autant de valeur à se défendre que les Espagnols à attaquer. Cortez, repoussé, dut se retirer.

Alors il se décida à prendre la ville par la famine : il l'entoura, livra tous les jours des combats partiels, lassa la patience des assiégés, et il arriva ainsi par degrés à occuper les trois quarts de la ville. Guatimozin, l'empereur, se réservant pour des temps meilleurs, voulut s'échapper pendant la nuit, fut fait prisonnier et conduit au vainqueur.

A partir de ce moment, la résistance cessa, et Cortez fut maître de Mexico et de tout l'empire. Il songea alors à organiser sa conquête.

Ce ne fut pas toutefois sans difficultés que ce puissant empire fut réduit à former une colonie espagnole. Poussés à bout par la dure oppression qui pesait sur eux, les Indiens oublièrent trop souvent la supériorité des Espagnols, et ils coururent plusieurs fois aux armes pour secouer ce joug de fer. La répression fut cruelle : l'as-

2

servissement le plus dégradant s'étendit sur ces malheu-
reuses contrées. Dans la province de Panuco, soixante
Caciques et deux cents nobles Indiens furent brûlés vifs,
Guatimozin fut pendu pour n'avoir pas voulu indiquer la
partie du lac où il avait fait jeter ses trésors, et chacun
des Espagnols, encouragé par l'exemple de ses chefs, organisa pour son propre compte une tyrannie intolérable.

Les premiers Espagnols ne songèrent heureusement pas
à exploiter les mines, et ce fut ce qui sauva les Indiens d'une
entière destruction. On se demande avec surprise com-
ment il peut se faire qu'une race nombreuse ait dépéri
si vite sous la main de quelques oppresseurs! Entre toutes les causes de dépopulation, il faut citer les guerres
meurtrières, les révoltes étouffées dans le sang, et par-
dessus tout la cupidité des nouveaux propriétaires. Tous
ces aventuriers étaient incapables de former un plan de
culture régulière. Ce qu'il leur fallait, c'était de l'or, et
au plus vite. Ils étaient pressés de jouir, après de si
grandes fatigues. On força les habitants d'abandonner
leurs anciennes habitations dans la plaine, et ils durent
se porter aux montagnes pour y chercher d'abord les
métaux à l'état naturel, et plus tard pour s'ensevelir dans
des galeries souterraines. Ce changement soudain du froid
au chaud, d'une vie paisible à une existence troublée,
pénible, énervante, une nourriture exécrable, tout con-
courut à tuer cette race vivace. Accablés de tant de mi-
sères, ils disparurent rapidement. Ajoutons encore à ces
causes de dépopulation la petite vérole, qui, importée
par les Espagnols, ne tarda pas à faire parmi les Indiens
des ravages considérables.

Lorsque les conquêtes furent terminées, qu'on n'eut

plus à craindre les soulèvements, on s'inquièta de l'avenir des colonies, et l'on fut bien forcé d'épargner la race indienne, sous peine de dominer bientôt dans de vastes solitudes. La cour d'Espagne nomma un vice-roi, mais ce vice-roi fut insuffisant à gouverner des pays vastes comme la moitié de l'Europe. Son autorité était sans bornes : son action fut nulle. Il exerçait l'autorité militaire, civile et criminelle, mais son bras ne pouvait atteindre que difficilement où il devait frapper. Sa cour était fastueuse et formée sur le modèle de celle de Madrid.

L'administration de la justice appartenait à des tribunaux connus sous le nom d'*audiences*. Elles connaissaient de toutes les affaires qui ressortent de nos tribunaux ordinaires, et les réserves qui leur furent données étaient bien remarquables. Elles avaient, comme nos anciens parlements, le droit de faire des remontrances au vice-roi, et d'en appeler au besoin au roi et au conseil des Indes. Elles étaient au nombre de onze, et rendaient la justice à autant de districts. La place de juge était honorable, lucrative et fort recherchée.

Le *Conseil des Indes* fut établi en 1511, et reçut en 1524 une forme plus parfaite ; sa juridiction embrassait tout. Les fonctionnaires de la colonie, depuis le soldat jusqu'au vice-roi, étaient tenus de lui obéir. C'est à lui que l'on doit le peu d'ordre et de vertu qui subsista dans un pays où tant de circonstances conspirèrent à amener le désordre et la corruption.

Il y avait aussi un autre tribunal plus particulièrement occupé des affaires de commerce. On l'appelait *Casa de la contratacion*. On ne pouvait appeler de ses décision qu'au Conseil des Indes.

Une des causes qui ne tardèrent pas à ruiner les colonies d'Espagne, et en particulier le Mexique, ce fut le système de prohibition qu'ils imposèrent à tous les pays soumis à leur domination. Ils poussèrent à la culture des produits qui, par leur rareté et leur valeur, devaient être recherchés de la métropole. Il défendirent la culture du vin et de l'huile, fermèrent les ports aux vaisseaux étrangers, défendirent sous peine de mort tout commerce avec les autres peuples, se réservant seuls le droit d'importer dans le pays et d'en exporter des marchandises dont ils réglaient les prix, étant maîtres absolus du marché.

A ces causes de ruine vinrent s'ajouter le partage des terres entre quelques grands propriétaires qui les firent ériger en majorats. Pour que la population fasse des progrès rapides dans une colonie naissante, il faut que les terres soient partagées en petites portions et que la propriété puisse être transmise avec une grande facilité. Il n'en fut rien dans le Mexique.

La vie et l'action du reste pouvaient-elles se produire dans un pays où il y avait un peuple au milieu du peuple, des oppresseurs et des opprimés ?

Par une politique raffinée qui ne pouvait avoir que de fâcheux résultats, les emplois publics étaient confiés à des personnes envoyées d'Espagne, à l'exclusion des natifs du pays. On voulait de vieux chrétiens qui n'eussent été flétris par aucune censure de l'inquisition. On appelait ces personnes *Chapetonnes.* Tout Mexicain, Indien, sang-mêlé ou fils de chapetonne, s'il était né au Mexique, était éloigné des emplois publics. De cette manière le gouvernement était toujours servi par des hommes dont tous les intérêts étaient conformes aux siens, mais la colonie n'avait aucune vitalité propre.

Les *créoles* descendants des Européens établis en Amérique, éloignés de tous les emplois vivant dans l'oisiveté et dépensant la fortune de leurs pères sans pouvoir jouer un rôle auquel les eussent appelés, dans tout autre pays, leurs talents et leurs richesses, devinrent par le fait de cette exclusion, ennemis jurés des chapetonnes et leur haine n'attendait qu'une occasion favorable pour se faire jour.

Il y avait aussi les *mulâtres*, nés d'un Européen et d'un noir, et les métis, nés d'un Européen et d'un indien. De génération en génération la couleur allait s'effaçant, et bientôt il était difficile de les distinguer des Européens. En 1542, Charles V publia une ordonnance concernant la condition des Indiens. Il les proclama libres, et dès lors ils furent soumis à l'impôt. — Toutefois il ne faut pas prendre ici le mot de liberté dans son acception ordinaire. — Les Indiens étaient ce qu'avaient été nos anciens serfs. Ils étaient attachés à l'*Encommienda*, espèce de fief concédé à quelque Espagnol, par la couronne ; ils devaient des services et ces services, il faut bien le dire à la décharge des oppresseurs, leur étaient le plus souvent payés.

Au milieu de ces oppressions de toute sorte, de ces exclusions honteuses, de ces prohibitions tyranniques, il y avait quelques satisfaits et un grand nombre de mécontents. Le sentiment de la liberté, le besoin d'indépendance se faisait sentir ; les haines fermentaient. Le peuple échangeait ces regards d'intelligence qui annoncent la ferme volonté d'agir. Une entente mystérieuse s'établissait entre toutes les races opprimées. — Les excitations ne manquaient pas. La révolution des États-Unis avait tiré de leur somnolence les intelligences cultivées; malgré les prohibitions sur la librairie, les Mexicains avaient lu quelques journaux et leur esprit s'était préoccupé de choses nouvelles. La révolution française arriva et répandit une vive émotion dans le pays. Une agitation sourde se répandit partout. Les autorités procédèrent par la rigueur; pour étouffer la révolution dans son germe, on mit aux fers des individus qui s'étaient procuré des journaux, on les tortura. Vains efforts ! la révolte était partout.

Les esprits étaient préparés à de grands changements, quand Ferdinand VII fut emmené prisonnier à Bayonne en 1807. Un soulèvement immédiat s'ensuivit, et, chose étrange, le premier cri de l'insurrection fut un cri de dévouement; mais il ne tarda pas à devenir un cri de révolte. Quand les événements furent bien connus en juillet 1808, l'ayuntamiento de México fit une démarche solennelle auprès du vice-roi : il protesta de son dévouement aux Bourbons et demanda une assemblée nationale. Le vice-roi Iturrigaray fit bon accueil à la proposition et se réserva de consulter l'audience. Grand fut l'émoi des résidents espagnols. L'audience combattit la proposition avec énergie et le parti espagnol ourdit une conspiration contre le vice-roi, coupable de condescendance envers l'ayuntamiento. — Il fut arrêté la nuit par les conjurés au nombre de trois cents, et enfermé dans les cachots de l'inquisition. — La contre-révolution alla son train, et la violence des Espagnols sur une simple proposition de l'ayuntamiento ne servit qu'à montrer aux Mexicains l'abîme qui les séparait de leurs oppresseurs. Dès lors l'insurrection fut résolue par les Guadalupes, nom que prirent les Mexicains de toutes races, contre les Gachupines, nom qui fut donné au parti espagnol.

L'insurrection éclata dans l'intendance de Guanaxato, Dans la petite ville de Dolores, nommée depuis Hildago, vivait un curé ardent et patriote du nom de don Miguel Hidalgo y Castilla. L'oppression qui pesait sur ses malheureux compatriotes le poussa à la révolte. Il avait fait planter des vignes sur le territoire qu'il desservait et il eut la douleur de les voir arracher par les chapetonnes. Le pays était pauvre et désolé. Les Indiens le pressèrent de les mener au combat; il avait alors soixante-deux ans. Le 16 septembre 1810, il leva l'étendard de l'indépendance, organisa des bandes nombreuses, s'empara de deux villes populeuses, et quelques jours après de Guanaxato. Hildago fut impuissant à réfréner la cruauté de son armée; il n'essaya même pas de réprimer la fureur de son parti, sentant peut-être que le jour des colères était venu et qu'un peuple opprimé, outragé a soif de vengeance. — Cependant il continua sa marche victorieuse, s'empara de Valladolid et marcha contre Mexico. Mais après une victoire chèrement achetée, il renonça à s'emparer de la capitale et se retira dans l'intérieur. Battu dans sa retraite près d'Aculco, il revint à Guadalaxara et se prépara à la bataille que le général Calleja, le vainqueur d'Aculco ne tarda pas à lui présenter. Hidalgo fut complétement battu, et il fut pris quelque temps après et fusillé avec quelques-uns de ses compagnons.

L'insurrection ne périt pas avec lui. Les oppresseurs peuvent fusiller les révoltés, ils n'étouffent pas la révolte,

quand un peuple se soulève au nom de ses droits et de
ses devoirs. — Quelque temps après la mort du prêtre de
Guanaxato, un autre prêtre nommé Morelos reprit les projets d'indépendance un moment suspendus. A sa voix
éloquente on se souleva de toutes parts et le cri aux armes fit surgir des armées. Tout le pays aux alentours
reconnut son autorité. En peu de temps il fut maître
de toutes les villes importantes, à l'exception de Mexico
et de la Vera-Cruz. Le triomphe paraissait assuré, mais
inhabiles dans l'art de la guerre, les insurgés furent bat-
tus dans plusieurs rencontres et après des revers sans
nombre Morelos fut pris à Temescala et passé par les
armes. Le général Calleja et son principal officier, le
colonel Iturbide furent du côté des Espagnols les deux
principales figures qui surgirent de ces luttes. Du côté
des Guadalupes, on remarque Hidalgo et son lieutenant
Allende, Morelos et Matamoros, son lieutenant, Ga-
liana, Miguel Bravo, Albino Garcia, Guadalupe Victoria,
Bustamente, Guerrero, Nicolas Bravo, les généraux
Bayon, Leran et le jeune Mina, qui voulut renouveler la
tentative de Cortez et fut pris et fusillé en 1817.

Cette guerre de l'indépendance fut sans pitié. Les
Gachupines défendaient leurs intérêts les plus chers et
s'étaient endurcis par l'habitude de l'autorité. Les Guadalupes étaient animés du désir de la vengeance, et les
outrages longtemps subis en silence avaient déposé au fond
des cœurs des haines extraordinaires. En vain Morelos vou-
lut-il inspirer des sentiments plus humains : il eût réussi
à obtenir des siens la modération et le pardon des injures
reçues, mais la politique espagnole fut inflexible. Elle
comptait sur la terreur pour reconquérir son autorité.

Une junte révolutionnaire avait été organisée à Zitacuaro, dans la province de Valladolid. Les chefs de l'insurrection avaient compris qu'il leur fallait un tribunal suprême respectable, pour donner à leurs actes quelques semblants de légalité. La junte se promena de ville en ville, et dans cette odyssée désastreuse, elle porta des décrets et élabora une constitution. Le general Calleja fut envoyé contre Zitacuaro où elle siégeait, s'en empara, la brûla et défendit de la rebâtir, afin qu'il ne restât pas trace d'une ville où la révolte s'était organisée, et afin que l'exemple de cette destinée cruelle épouvantât les autres villes de l'empire. — La junte s'enfuit á Chipalcingo ; là son premier acte fut la déclaration de l'indépendance du Mexique, et elle y acheva la constitution. Calleja à qui cette constitution, fut envoyée la déféra au conseil royal, où elle fut condamnée, la fit brûler par la main du bourreau et continua le cours de ses exécutions et de ses vengeances.

Devenu vice-roi, Calleja vainqueur partout exalta son armée dans des proclamations, déclara l'insurrection terrassée, mais habile comme il était, il ne pouvait pas se faire illusion sur l'état du pays. Il savait que les haines n'étaient qu'endormies et qu'au premier signal elles se réveilleraient plus terribles.

La proclamation de la constitution des cortez en 1812, faite sur le désir et par l'ordre des cortez elles-mêmes, ranima les espérances des insurgés. D'un concert unanime, sans qu'il y eût d'assemblées préparatoires, on écarta les chapetonnes dans les élections, et il n'y eut pas un seul Espagnol natif d'Espagne d'élu.

Après la rentrée de Ferdinand VII en Espagne, l'élan

d'indépendance fut comprimé ; toutefois pour donner une satisfaction au Mexique, le vice-roi Caljera devenu duc de Caldéron fut remplacé par Ruiz de Apodaca et une amnistie générale fut proclamée.

En 1820, le gouvernement croyant en avoir fini avec le Mexique, envoya Calleja avec une armée nombreuse pour soumettre au joug espagnol les contrées qu'arrose la Plata. Les troupes se réunirent dans l'île de Léon. — Les officiers imbus des principes de la révolution, supportaient mal le despotisme tracassier de Ferdinand VII. — Profitant de l'occasion qui les réunissait, ils s'insurgèrent, proclamèrent la constitution de 1812 et forcèrent le vice-roi Apodaca à la remettre en activité. Le vice-roi s'y prêta de mauvaise grâce et résolut de faire une contre-insurrection militaire. Sous prétexte d'aller combattre Guerrero et Assentio dans les montagnes du Sud, il réunit une armée qu'il confia au colonel Iturbide. Celui-ci était un créole ardent, souple, audacieux, qui avait donné des gages multipliés de dévouement au parti espagnol. Hypocrite raffiné, il endormit la confiance du vice-roi, se mit à la tête de l'armée et proclama l'indépendance du Mexique, dans un acte qui est connu sous le nom de *plan d'Iguala*. De divers points des signes d'assentiment répondirent à Iturbide. L'audiencia voufut payer d'audace en face de l'insurrection. Elle destitua Apodaca coupable à ses yeux de faiblesse et d'inhabileté et le remplaça provisoirement par *Novella*, qui ne fit pas mieux et ne sut que s'enfermer dans Mexico avec les troupes espagnoles.

Iturbide cependant voyait son influence grandir. moins le parti de l'indépendance avait espéré en lui, plus il était reçu avec transport. — Et il mérita quelque temps l'enthousiasme dont il était l'objet, par son habileté et des actes qui annonçaient un bon politique. — Quand le nouveau vice-roi envoyé d'Espagne, O'Donuju arriva, Iturbide lui proposa une entrevue qui fut acceptée. Un traité fut signé entre eux et la couronne fut offerte à un infant d'Espagne.

Mais au sein des cortez, le traité de Cordova fut blâmé, déclaré nul et non avenu, et il fut décidé que l'on enverrait des renforts en Amérique.

Iturbide dès ce moment se sentit complétement dégagé vis-à-vis de l'Espagne, et maître de la situation. Il songea à la faire tourner au profit de son ambition personnelle. Des émissaires envoyés par tout le pays, firent entendre ces cris : vive Iturbide empereur : son élection fut proposée au congrès par des affidés, et soixante-onze voix contre quinze lui décernèrent la couronne. — Iturbide ne porta pas sur le trône les qualités qu'on espérait de lui. Au lieu d'organiser vigoureusement son empire, il perdit son temps dans de fastueuses représentations, et à peine quelques mois s'étaient-ils écoulés que le nouveau trône trembla sur ses fondements. Les populations se rappelaient les cruautés de l'ancien colonel de Calleja; le congrès ne put pas se mettre d'accord avec lui, et les ambitions personnelles que soulèvent toujours dans un état de longues discordes ne lui pardonnaient par son élévation au rang suprême. — Entre tant de partis, objet des répugnances d'un peuple qu'il ne sut pas ramener à lui, Iturbide succomba. Le général Santa Anna leva à Vera Cruz l'étendard de la révolte. Guerrero et Bravo se réunirent avec empressement aux insurgés et l'empereur fut dépouillé du trône. On doit dire à l'honneur de l'insurrection qu'elle se conduisit noblement envers le monarque déchu. En souvenir de ses services passés, on lui fit une pension annuelle de 125,000 fr., on l'embarqua sur une frégate anglaise, et on lui défendit de rentrer dans ses États. Plus tard, dévoré d'ambition, et voulant reconquérir son trône, il fit une tentative pour ressaisir sa couronne et il fut fusillé.

Sous le nom de République, dit, dans la *Revue des Deux Mondes*, M. Michel Chevalier, que nous avons consulté souvent, le Mexique n'a eu qu'une anarchie déplorable avec tout ce qui en forme le triste accompagnement. L'absence de sécurité pour les propriétés et pour les personnes, les engagements de l'État violés, l'industrie languissante ou anéantie, les routes régulièrement exploitées par des brigands, le moral de la nation affaissé, ses connaissances obscurcies, et les rares établissements d'instruction publique désorganisés, une corruption hideuse dans l'administration et dans la justice. Le nombre des personnes qui ont tour à tour occupé la présidence et se sont renversées l'une l'autre est presque indéfini, surtout dans les six dernières années. Le doute et le désespoir dévorent l'âme des bons citoyens.

Le général *Santa Anna* domine toute cette période de désordre. Dans les guerres civiles, dans la lutte contre l'Espagne, qui, en 1829, fit une tentative pour rétablir sa domination au Mexique, le général Santa Anna est toujours en avant. Sans attendre les ordres du gouvernement, il rassemble des troupes, marche contre l'ennemi, et ne prend pas la peine d'instruire le congrès et le président de ses victoires, non plus que de ses défaites. En

1835, il affronte les colons américains au Texas : c'est lui que les Francais ont à combattre, en 1838, quand ils viennent demander des réparations pour leurs nationaux, et quand les États-Unis envahissent le Mexique, en 1845, Santa-Anna combat avec un grand courage, mais il a la douleur de les voir entrer à Mexico, où ils dictent la paix et où ils obtiennent la cession de la nouvelle Californie et du Texas. Il est à remarquer que Santa Anna n'a gagné qu'une seule bataille dans sa longue carrière militaire ; mais, énergique et décidé, il savait se maintenir après la défaite. Jusqu'en 1833, cet actif capitaine fit et défit les présidents, sans prétendre lui-même au pouvoir suprême. En 1833, il prit la dignité pour lui-même, et il l'a occupée quatre fois depuis. Parmi les présidents qui ont gouverné sous la dictature militaire de Santa Anna, depuis la proclamation de la République, on cite *Vittoria*, en 1824 ; *Pidrazza*, en 1828 ; *Guerrero*, en 1828 ; *Bustamente*, en 1829 et 1836 ; *Herrera*, en 1844 ; *Paredès*, en 1846 ; *Herrera*, en 1846 ; *Pedro Anana*, en 1847 ; *Avista*, en 1851.

: Une révolution réputée démocratique renversa Santa Anna en 1856, et ce fut *Ignacio Comonfort* qui le remplaça, à titre de suppléant toutefois, car la place de président et le titre nominal appartenaient de droit à *Juan Alvarez*, auteur du pronunciamento qui avait renversé Santa Anna. Comonfort eut tout d'abord des vues modérées, mais il ne tarda pas à entrer dans la voie des répressions les plus implacables. Des prêtres furent emprisonnés, les généraux *Dioz de la Vega*, *Miguel Blanco*, *Gamboa*, *Juarez Navarri* furent jetés dans les cachots, et le gouvernement sembla décidé à persister dans ce système de despotisme. Tant de maladresse porta ses fruits. Dés insurrections éclatèrent de toutes parts. Dans le nord, ce fut *Santiago Vidauri* ; au centre, le général *Jóachim Orchuelo*, qui fut pris et fusillé, quoiqu'on lui eût promis la vie. L'insurrection du colonel *Osollo* ne fut pas plus heureuse.

Le résultat de toutes ces luttes intestines fut d'amener le plus souvent des affaires avec l'étranger. Dans la confusion qui résultait du pronunciamento, les nationaux, les consulats de tel ou tel peuple n'étaient pas toujours respectés : les caisses étaient pillées, les magasins dévalisés. Comonfort résolut d'en finir, et, de concert avec le général *Zulaoga*, il se proclama dictateur.

Mais en prenant la dictature, il n'en prit pas l'esprit. Homme faible, facile à dominer, capable des résolutions les plus extrêmes sans en suivre aucune, il fut impuissant à arrêter l'insurrection.

La guerre continua entre les divers partis ; *Osollo, Miramon*, devinrent les chefs du moment ; Comonfort fut renversé, *Zulaoga* le remplaça, avec le titre de président intérimaire, et représenta le parti conservateur. *Juarez*, chef nominal de la ligue constitutionnelle se rendit indépendant à la Vera-Cruz, ét y établit un véritable gouvernement ; il eut un congrès, des ministres, un budget. La confusion devint complète : ce fut une guerre de tous les instants entre les généraûx *Osollo, Parodi*, et une foule d'ambitieux vulgaires, qui cherchaient à se faire jour au milieu de ces désordres.

Miramon prit la direction de la guerre au nom du parti conservateur contre Juarez, chef des constitutionnels. C'était un jeune homme ardent, infatigable, plein de confiance en lui-même, doué des plus rares qualités. A vingt-six ans il arrivait à la dictature, sans affectation d'empressement, sans nulle intrigue. Il respecta l'autorité du général Zulaoga ; celui-ci ayant été renversé, il le rétablit par les armes, mais Zulaoga abdiqua et remit le pouvoir à celui de qui il le tenait.

Ce jeune héros, arrivé au pouvoir, se multiplia avec une audace, une vigueur, où l'on reconnaît le caractère de la nation française (la famille de Miramon était originaire de Bayonne). Mais le parti constitutionnel était puissant et soutenu par les États-Unis qui espéraient venir à bout, pour l'accomplissement de leurs projets, d'un gouvernement besogneux comme l'était celui de la Vera-Cruz. Miramon refoula l'ennemi jusque dans les retranchements de cette ville, et vint en faire le siége. Sans la trahison des Américains, qui s'emparèrent de deux vaisseaux avec lesquels il agissait par mer contre la ville, il l'eût emportée d'assaut ; mais après ce désastre il leva le siége et retourna à Mexico, où ayant appris que Zulaoga aspirait à remonter sur le siège présidentiel, il s'empara de sa personne et le garda près de lui. Cependant Juarez avait repris l'offensive et s'avançait sur la capitale. Après une lutte glorieuse, où il avait déployé de grands talents, Miramon livra sa dernière bataille et la perdit à San Miguel de Capulalpane. Juarez, vainqueur, entra à Mexico, où il essaya d'organiser un gouvernement qui est assurément destiné à succomber comme les autres dans le conflit des ambitions personnelles, et dans l'anarchie dont ce peuple semble avoir fait son élément.

III

Climat et cultures.

Ce que l'on remarque tout d'abord au Mexique et ce qui en fait un pays favorisé entre tous, c'est l'élévation de son sol au-dessus du niveau de la mer. On appelle cette élévation altitude. Plus l'altitude d'un pays est prononcée, plus sa température s'adoucit; à ce point, que si l'altitude était considérable près de l'équateur, on pourrait trouver sous un soleil dévorant les glaces et les froids rigoureux de la mer Blanche.

Le Mexique a donc une grande altitude, et comme une pente douce le ramène aux deux Océans, on y rencontre les cultures et les températures les plus diverses, de sorte qu'il y en a pour tous les tempéraments et tous les goût. Les Français y trouvent la température de Paris et les nèges du centre de l'Afriqueles brûlantes journées des tropiques. — La Puebla et Mexico sont à 2,140 mètres au-dessus du niveau de la mer. Guanaxato est à 2,080 mètres. A côté de ces hauteurs surgissent à 4 et 5,000 mètres, les sommets des Cordillères.

Près des rivages de la mer l'altitude est considérablement abaissée et cet abaissement se produisant des plateaux aux deux Océans, une pente rapide a pour résultat de produire, comme nous venons de le dire, à de courtes distances, des changements notables de températures et les cultures les plus variées. Là on trouve la forêt de pins, puis à des distances rapprochées des champs d'oliviers, de vignes, de blé, de maïs, de cactus, d'aloès, d'orangers, de coton qui y est indigène, de nopal, d'indigo, de vanille, de cacaoyer. La soie y est produite par un ver un peu différent du nôtre. Toutes ces cultures y réussissent admirablement, et certes on ne trouverait pas d'autre pays au monde où elles se produisissent avec tant de fruit si près les unes des autres.

On divise ordinairement le Mexique en trois zones. Premièrement la **terre chaude** qui part du littoral et offre une grande puissance de végétation. On y trouve les cultures des tropiques. Malheureusement dans le voisinage de l'Océan, la fièvre jaune sévit pendant l'été. — Après cette zone, vient la **zone tempérée**, région ravissante où la végétation est active et vigoureuse sans avoir l'exubérance qu'elle a dans la première zone. Là, point de chaleurs dévorantes, point de miasmes, point de ces insectes propres aux autres terres de l'Amérique, point de ces passages subits du froid au chaud; on pourrait se croire aux environs de Florence. — La troisième zone est connue sous le nom de **terre froide.** Il ne faut pas conclure de ce nom qu'elle soit au-dessous de notre température. Son nom lui a été donné par les Espagnols, mais c'est la température ordinaire des étés de Paris.

A ces avantages le Mexique en ajoute beaucoup d'autres non moins appréciables. Il a très-peu de volcans et il n'est pas sujet à ces violents tremblements de terre qui font tant de ravages dans les autres parties de l'Amérique. Toutefois on y ressent de temps en temps de faibles secousses, mais sans désastres, et c'est ce qui oblige les habitants à sacrifier l'élégance et la hardiesse dans les constructions et à se préoccuper par-dessus tout de la solidité. — Les maisons ont rarement plus de deux étages.

Le côté faible de ces contrées, ce sont les cours d'eau. — On supplée à cet inconvénient par d'immenses réservoirs qui se remplissent pendant la saison des pluies et dont on tire parti pour les besoins de l'agriculture.

On peut donc conclure de tout ce que nous venons de dire que l'agriculture y offre un avenir sans bornes. Ce vaste pays a de quoi répondre aux plus grandes exigences. Il donnera toujours au delà de ce qu'on pourra lui demander. Quand une société bien organisée y fonctionnera, quand le travail sera gardé du brigandage par une police bienfaisante, les bras n'y manqueront pas : le trop-plein de notre vieille Europe se déversera dans ces plaines fertiles, où chacun trouvera la température qui lui convient. La fièvre jaune elle-même disparaîtra avec les marais, et quand des chemins de fer relieront les diverses parties de ce pays, il n'y en aura pas en Amérique de plus riche ni de plus puissant.

IV

Mines d'or et d'argent.

Comme nous venons de le voir, le Mexique est favorisé sous beaucoup de rapports. Eh bien ! ce n'est pas tout. Si son sol est productif à la surface, ses profondeurs ne sont pas moins fécondes. On y trouve des mines d'or, d'argent et de mercure d'une richesse incalculable. C'est à ces mines que le Mexique a dû ses malheurs. Avides de résultats immédiats, les chapetonnes poussèrent vers les gîtes métallifères les malheureux indigènes habitués aux travaux paisibles de l'agriculture : mais le jour où la sécurité aura repeuplé ces solitudes, l'industrie des mines et l'industrie agricole se développeront parallèlement et concourront à la prospérité de ces vaste États.

Les mines du Mexique ont cet avantage sur toutes les autres mines de l'Amérique, qu'elles ne sont pas en général à des hauteurs considérables. On les trouve le plus souvent dans des sites fertiles et riants où la vie est facile et agréable, à deux mille mètres environ au dessus du niveau de la mer. La culture environnante favorise l'établissement des mineurs, et quand un filon est découvert, s'il se présente dans de bonnes conditions, un village où même une petite ville ne tarde pas à s'élever dans le voisinage.

Les mines d'or sont peu productives, mais on peut supposer que le Mexique en contient de considérables dans quelques unes de ses parties. La constitution géologique de la nouvelle Californie, si riche en cette matière, présente de grandes analogies avec celle de différentes terres du Mexique. On est certain que la Sonora contient des gisements aurifères ; ils sont à la vérité gardés par cinquante mille Apaches, mais le jour où on se sera rendu maître de ces contrées, il n'y aura qu'à fouiller ce sol genéreux. En attendant, on trouve l'or à l'état natif dans les torrents et sur quelques montagnes élevées, mais les résultats sont peu appréciables.

En revanche, les mines d'argent sont inépuisables.

Que de fortunes inouïes, que de péripéties émouvantes, que de trésors subitement mis à jour! L'histoire de ces gîtes argentifères tient du miracle.

Les premiers filons exploités furent ceux de *Tasco*, de *Salfopèque*, de *Tlalpuxahua* et de *Pachuca*. Ensuite vint le filon de *Zacatecas*. En 1558, des muletiers découvrirent le filon de Guanaxato. Ce fut un Espagnol nommé *Obregon* qui attaqua le filon appelé la Valenciana, dans une des parties que l'on avait crues jusque-là stériles. *Obregon* était sans fortune, mais il obtint quelque argent de ses amis et commença les travaux. Après un an, au moment où l'aventurier désespéré, sans argent pour continner son entreprise, allait se retirer, on toucha à la *Vefa Madre*, un des plus grands dépôts d'argent de Guanaxato. Obregon subitement enrichi (sa fortune monta à trente millions) fut créé duc de la Valenciana.

Les mines de Zacatecas ne remontent guère qu'à 1748, et furent exploitées en partie par un Français nommé *Delaborde*. Actif, hardi, entreprenant, arrivé pauvre au Mexique, il se mit courageusement à l'œuvre et donna une grande impulsion aux mines de Tlalpuxahua. Après avoir gagné à cette opération d'immenses richesses, il s'acharna sur des mines stériles et perdit toute sa fortune, qui s'élevait à plus de quarante millions. Dans sa détresse, il s'adressa à l'évêque de la ville de Tasco où il avait fait construire une église; dans cette église, il avait fait disposer un tabernacle où il y avait un soleil d'or enrichi de diamants. L'évêque remit ce don valant près d'un million à Delaborde. Celui-ci recommença ses entreprises, et après des vicissitudes sans nombre, il attaqua la *Vefa Grande* de la Esperanza et gagna encore de grandes richesses, qu'il compromit encore. plusieurs fois. Il mourut laissant cinq millions.

En 1787, *Don José Fagoaga* et son secrétaire *Tarve* visitèrent les mines de *Sombrerete*, les exploitèrent et y gagnèrent une grande fortune. Tarve résolut d'attaquer pour son propre compte, le filon de Pabellon. Étant mort avant d'avoir pu exécuter ses plans, il les légua à *Don-Mar'in de Izmendi*. Izmendi se joignit à Fagoaga, et ils gagnèrent des richesses que les récits du temps évaluent à quarante millions.

Les mines de *Caforce* n'ont pas donné de résultats moins heureux. *Antonio de Zépida* y réalisa en peu de jours, trois millions de bénéfice. Le *Padre Flores* venu à Catorce avec le fruit de quelques épargnes, acheta une mine ou plutôt une apparence de mine au nord de la ville. En deux ans il gagna douze millions, quoique la main-d'œuvre fût hors de prix et qu'il fallût donner aux mineurs la moitié du produit.

Une autre fortune merveilleusement réalisée, c'est celle de *Zuniga*, simple muletier qui transportait dans ces montagnes des denrées dont on lui payait le poids en argent Les fortunes subites réalisées partout lui inspirèrent le désir de tenter la chance. Il vendit ses mules, acheta des mines, et y réalisa en peu de temps une fortune de plusieurs millions.

Citons encore *Parodi*, propriétaire de la mine de los Dolores, *Davalo*, *Aguirro*, *Gardoa*, etc., etc. Pour terminer, nous parlerons de la mine du Carmen, qui fut l'origine de la fortune du célèbre *Bustamente*. De cette mine fut extrait un bloc d'argent pesant quatre cent livres. L'évêque de Durango étant venu visiter Batopilas, où était située la mine, le fastueux marquis le fit marcher sur des barres d'argent depuis la porte de sa demeure jusqu'à la salle de réception.

On ne trouve guère l'argent à l'état naturel. Il faut le séparer des divers métaux auxquels il est mêlé. On pro-cède par la méthode dite d'amalgamation à froid, au moyen du mercure. — Les minerais destinés à l'amalga-tion, doivent être triturés et réduits en poudre très-fine, de manière à présenter le plus de contact possible au mercure : on opère cette trituration sous les moulins nommés *arastras* avec une grande perfection. — Quand elle est sortie dè dessous les meules, la poudre de mine-rai, est portée dans la cour d'amalgamation ; là, on la dispose en tas de quarante à cinquante quintaux chacun, appelés *tortas* et on les laisse exposés à l'air libre. — On mêle ensuite du sel à la farine métallique, on remue la tourte. Quand les métaux sont échauffés on les refroidit avec de la chaux ; s'ils paraissent froids, on ajoute du magis-tral pour échauffer la masse. Après quelques jours de re-pos, on mêle le mercure à la masse métallique dans la pro-portion de un kilogramme et demi pour un kilogramme d'argent que l'on croit devoir retirer. Pour favoriser l'action de ce corps sur la masse, ou la remue, on la fait fouler aux pieds par des chevaux, des hommes y piéti-nent des journées entières ; puis après quelques mois, quand les *azogueros*, ouvriers occupés de ces travaux, ont bien balancé la tourte entre la chaux et le magis-tral, la faisant passer du froid au chaud et du chaud au froid, quand la tourte a bien rendu ce qu'elle pouvait rendre, on jette les boues métalliques dans des cuves où fonctionnent des moulinets garnis d'ailes placées perpendiculairement ; alors les parties terreuses et oxidées sont emportées par l'eau, tandis que l'amalgame et le mercure demeurent au fond de la cuve. On sépare ensuite l'amalgame du mercure en le pressant au travers de sacs, et l'opération est terminée.

Suivant M. de Humbolt, l'abondance de l'argent est telle dans la chaîne des Cordilières qu'en réfléchissant sur le nombre des gîtes de minerais qui sont restés intacts ou qui n'ont été que superficiellement exploités, on serait tenté de croire que les Européens ont à peine commencé à jouir de cet inépuisable fonds de richesses que renferme le Nouveau-Monde, et selon Duport observateur digne de foi, si l'on atteignait tous ces gîtes, l'Europe serait inondée de métaux précieux et la production de l'argent n'aurait d'autre limite que celle qui lui serait imposée par la baisse de la valeur.

V

Le Mexique embrasse une étendue de 120,000 lieues carrées, sans y comprendre le territoire des Indiens libre qui en embrasse autant.

Il a environ 8,000,000 d'habitants divisés en chapetonnes (natifs d'Espagne) créoles, métis, mulâtres, nègres, Indios bravos.

Il est borné au nord par les *Etats-Unis*, au sud par le *Guatemala*, à l'est par l'*Atlantique*, à l'ouest par la *mer Pacifique*.

Il est traversé dans toute sa longueur par le *Rio del Norte*, qui a sa source dans la *Sierra de las Grullas* (montagne des Grues) et va se jetter dans le golfe du Mexique, après avoir reçu les eaux du *Conchos*, et de quelques autres affluents de moindre importance. Parmi les autres cours d'eau, il faut citer les rivières *Colorado, de las Nuces, Guadalupe, Guadabal, Hiaqui, Zacatulo, Guasacoalco* et la rivière *Tolotcflan* qui débouche dans l'océan Pacifique, baigne des villes et arrose de grands espaces cultivés.

Le Mexique est traversé du nord au sud par la chaîne des *Andes* ou *Cordilières*. Ces montagnes y atteignent des proportions immenses. Elles contiennent plusieurs volcans, le *Popocatepetl*, haut de 16,600 pieds, le *Nevado d'Iztaccihualt*, de 14,700 pieds; au nord, les *Cordilières* prennent le nom de *Montagnes Rocheuses*.

Parmi les lacs du Mexique, le *Chapala* de 160 lieues carrées, dans l'État de *Xalisco*: celui de *Tezcuco*, près de Mexico; dans la patrie septentrionale peu connue, il y a des lacs encore plus vastes.

La langue du pays est l'espagnol, mais on parle dans ce vaste empire, une foule de dialectes qui ont presque tous leur grammaire. M. Ampère en compte quatorze. — La plupart· des habitants professent la religion catholique; les autres confessions y sont libres.

Le Mexique se divise en vingt-deux États dont voici les noms et les capitales : ´

DISTRICT FÉDÉRAL, c. *Mexico*. — Etat de *Mexico,*· appelé aussi *Guerrero* c. *Tlalpan*. — *Queratero*, c. *Queratero*. — *Guanaxualo*, c. *Guanaxuato*. — *Mechoacan*, c. *Valladolid*. — *Xalisco*, c. *Guadalaxara*. — *Zacatecas*, c. *Zacatecas*. — *Sonora* e *Cinoloa*, c. *Villa del fuerte*. —

Chihuahua, c. *Chihuahua.* — *Durango,* c. *Durango.* — *Cokuhuila,* c. *Monclova.* — *Nouveau-Léon,* c. *Montlerey.* — *Tamaulipas,* c. *Aguayo.* — *San Luis Potosi,* c. *San Luis Potosi.* — *Vera Cruz,* c. *Vera Cruz.* — *Puebla,* c. *Puebla.* — *Oaxaca,* c. *Oaxaca.* — *Chiapa,* c. *Ciudadréal.* — *Tabasco,* c. *Sartiago de Tabasco.* — *Yucatan,* c. *Merida.* — *Californie* c. *San Carlos de Monlerey.* — *Bescala,* c. *Colima.*

DISTRICT FÉDÉRAL et État de *Mexico* ou *guerrero.* — Etendue 3,960 lieues carrées; — 1,200,000 d'habitants, capitale *Mexico,* capitale de tout l'empire, 180,000 habitants.

Mexico n'est plus sur le lac où Fernand Cortez opéra avec ses vaisseaux pour s'emparer de la ville : le lac de Tezcuco s'est peu à peu retiré de 4,500 mètres.

Le Mexico moderne est construit tout entier sur l'emplacement de l'ancienne capitale des *Aztèques.* Son aspect est agréable et régulier, les rues y sont symétriques, larges, propres et unies ; elles ont jusqu'à deux milles de longueur. Les maisons sont généralement de deux étages. Le premier est occupé par les maîtres, les serviteurs logent au rez-de-chaussée. La façade des maisons est peinte à la détrempe en blanc, en rouge et en vert. Ces peintures donnent à la ville une apparence riante et aisée. Les toits pavés de briques et couverts en grande partie d'arbres à fleurs, sont une suite de terrasses qui offrent le soir de délicieuses promenades. Parmi les endroits les plus remarquables de la ville, il faut citer en première ligne la *Plaza major,* une des plus belles qui soient au monde; elle est entourée de vastes et beaux édifices ; à l'est la cathédrale, au nord le palais du gouvernement; au midi, la Casa del Estado, bâtie par Fernand Cortez ; à l'ouest, de belles maisons avec des portiques. A l'époque

où les mines de Potosi défrayaient le luxe, tout était or
et argent dans cette ville. L'aspect en était féerique ; les
églises brillaient d'un éclat extraordinaire. Aujourd'hui le
luxe est bien tombé, mais les églises sont encore riche-
ment décorées. La cathédrale a 500 pieds de long ; l'architecture en est lourde et mixte ; elle est ornée de nombreuses statues d'une exécution médiocre.

L'un des plus beaux édifices de Mexico est certainement
le couvent des Franciscains. Le couvent des Dominicains
mérite aussi d'être remarqué. Le palais du vice-roi, aujourd'hui occupé par la présidence, offre des beautés
d'un autre ordre. L'étendue, l'élégance, la symétrie des
constructions en font un des plus beaux monuments du
monde entier.

La Mineria (Ecole des Mines) est une construction plus
moderne.

Mexico n'a qu'une seule salle de spectacle. C'est un édifice vaste et bien bâti, dont la forme intérieure est celle
d'un fer à cheval allongé, qui se rétrécit beaucoup du côté
de la scène. L'élite de la société ne va guère au théâtre,
et cette abstention s'explique par la détestable habitude
de fumer pendant les représentations.

En fait de promenades, Mexico passède l'*Alameda* : cette
promenade est belle, spacieuse, bien ombragée ; elle est
ornée de fontaines médiocres et de statues plus médiocres
encore ; l'art ici est décidément en arrière.—Outre cette
promenade, il y a aussi celle *del Parco*, longue de deux
milles, plantée d'arbres, et qui se termine près d'un pont et
d'une grande porte sous laquelle passe le canal de *Chalco*.
— C'est là que les élégants de Mexico se donnent rendez-
vous les jours de fête. Le coup d'œil y est ravissant. Sur

le canal de *Chalco*, on voit un grand nombre de ces îles artificielles, espèces de jardins flottants connus sous le nom de *Chinampas*. Quelques-uns sont fixés au sol tout en conservant la forme d'une île. — On cultive, sur les *chimanpas*, la fève, les pois, le piment, la pomme de terre, le chou-fleur et en général toutes les plantes propres à nos jardins d'Europe. Les bords de ces chinampas sont couverts de fleurs, quelquefois même d'une haie de rosiers.

Près des *Chinampas* s'élèvent de pittoresques villages d'Indiens bâtis au milieu des fleurs et de la verdure. Ça et là se montrent des champs de *maguey de pulque*, espèce de plante qui sert à la fabrication du pulque, boisson favorite des Mexicains. Ces plantations se font par de larges allées. Le pulque est très-estimé, surtout des Indiens, et on calcule qu'il s'en consomme annuellement à Mexico trente millions de bouteilles.

Les marchés sont bien fournis. Au soleil levant des centaines de canots glissent sur le canal de Chalco et y transportent d'excellents légumes : des bananes, citrons, avocats, sapotas, grenadines, ananas, dattes, melons, gouards, tomates etc., etc. La viande est généralement de qualité inférieure! elle est loin de valoir la nôtre.

L'aspect des boutiques de Mexico est, presque partout pauvre et mesquin. Point d'étalage : un étranger a de la peine à distinguer ce qui se vend dans ces boutiques, et il peut très-bien lui arriver d'aller acheter du drap chez un pharmacien. Le métier de barbier y est fort lucratif.

Mexico dans le seizième et le dix-septième siècle a souffert de grandes inondations, mais depuis, cette ville a été préservé par les immenses travaux du *desague*. Ce fut au moyen d'une galerie souterraine commencée en 1607, qu'on fit écouler le trop plein des eaux. Le vice-roi vint à la tête de l'audiencia donner le premier coup de pioche. Un an après, la galerie était terminée, mais percée dans des terrains meubles, elles s'éboula, et l'on dut la réparer. Ces travaux ont coûté des sommes énormes et il y a péri un grand nombre d'Indiens. La ville est provisoirement préservée des inondations, mais il faudra encore de nouveaux travaux pour que cette œuvre si utile acquierre la solidité et la durée qui est la première condition des œuvres de ce genre. Au nord de Mexico près du village d'*Otumba*, célèbre au temps de la conquête, maintenant pauvre et ruiné, on voit les restes de deux pyramides du temps des Aztèques. Ces deux pyramides, dédiées au soleil et à la lune, sont construites en forme de terrasse. La plus haute à 175 pieds de hauteur.

Parmi les autres villes de l'État du Mexico, nous remarquons *Chalco*, où se trouve le plus grand nombre d'îles flottantes ; *Chapultepec*, château de plaisance, le Saint-Germain de Mexico, autrefois visité par les vice-rois, aujourd'hui ruiné; *Tlalpan* ville de 6,000 habitants, où se voit un hôtel des monnaies ; *Tezeuco* ancienne capitale d'un état indépendant. Les ruines de cette ville trahissent ses grandeurs passées. A chaque pas on y heurte des fondations de temples, des restes de forteresses, des débris de palais. Aujourd'hui Tezcnco est une ville de 5,000 âmes. *Teohihualcan*, où se trouve un grand nombre de pyramides. *Guadalupe* moins célèbre par sa population que par le monastère de *Nuestra Señora de Guadalupe*, bâti sur les hauteurs de Tepejacac. C'est un vaste et majestueux édifice, dans lequel on montre une riche statue de la Vierge. Il y a beaucoup d'ornements en or, argent et pierreries dans cette église. Nuestra Señora de Guadalupe est en grande dévotion dans tout le Mexique. *Acapulco*, petite ville de 4,000 habitants, fait un commerce très-actif sur l'Océan.

ÉTAT DE QUERATERO. 1,977 lieues carrées. 215,000 habitants, capitale *Queratero*, qui compte 40,000 âmes. On y trouve de fort belles églises et le couvent des religieuses de Sainte-Claire, disposé pour trois cents pensionnaires. — C'est une construction très-vaste qui ressemble à une petite ville.

A quelques lieues de Queratero s'élève la ville de *Zimapan*, qui est séparée de Mexico par une chaîne de montagnes.

ÉTAT DE GUANAXATO.—1,110 lieues carrées. 450,000 habitants. Cap. *Guanaxato*. 70,000 habitants. — Aux environs, comme nous l'avons vu, se trouvent les plus riches mines d'argent du Mexique. — La ville se prolonge pendant une lieue environ sur le flanc de la ravine de Marfil. — Les voitures et les bêtes de somme marchent dans la ravine presque toujours à sec. La ville de Guanaxato garde encore des traces de son ancienne opulence. Les églises y sont entretenues somptueusement.

Zelaya avec 10,000 habitants est le siège d'une cour de justice. Elle fait un commerce considérable. — La ville est bien bâtie. Les rues y sont coupées à angles droits. La grande place, dont un des côtés est occupé par l'église del Carmen, est fort belle.

Salamanca a 1,500 habitants. — *Irapuato* 18,000, presque tous cultivateurs. — *Hidalgo*, anciennement Dolorès. C'est dans cette ville qu'éclata la première insurrection mexicaine.

ÉTAT DE MÉCHOACAN. — 3,400 lieues carrées. — 450,000 habitants, est arrosé par le fleuve Lerma. Cap. *Valladolid*, 20,000 habitants. Siége d'un évêché : on y remarque la cathédrale, le séminaire et l'aqueduc.

Pascuaro, sur les bords du lac de ce nom a 6,000 habitants.

ÉTAT DE XALISCO. — 9,600 lieues carrées, 800,000 habitants. Cap. *Guadalaxara*, 55,000 habitants. — Grande et belle ville. — Siège d'un riche évêché. Elle a des rues spacieuses et tirées au cordeau, des couvents et des églises superbes, parmi lesquelles on remarque l'église de Saint-François, l'église et le couvent des Augustins.

San Blas, forteresse et arsenal maritime dans une contrée très-malsaine.

Chapala, sur les bords du lac de ce nom, est célèbre dans les Annales de l'indépendance.

ÉTAT DE ZACATECAS. — 2,360 lieues carrées. 280,000 habitants. — Cap. *Zacatecas*, qui compte 25,000 habitants. Elle est célèbre par ses mines d'argent. La ville est triste, quoique grande et populeuse, Au-dessus d'elle s'élève la montagne la Buffa, qui porte une chapelle pittoresquement perchée sur son sommet, les rues sont étroites. L'hôtel des Monnaies a une grande supériorité sur ceux des districts voisins.

Sombrarete, *Fresnillo*, *Villa Nueva* ont de 4 à 5,000 habitants.

Aguas Calientes a 18,000 habitants. C'est une ville commerçante et industrielle; elle possède des eaux thermales.

ÉTAT DE SONORA E CINALOA. — 19,160 lieues carrées, 130,000 habitants, est borné au nord par la Californie et les territoires des Indiens libres. Le climat y est agréable. Mines d'or destinées à un grand avenir. Cap. *Villa del Fuerte*, 4,000 habitants.

Culiacan a 10,000 habitants. — *Cinaloa*, 10,000 habitants. *Guaymas* est regardé comme le plus beau port du Mexique. Dans l'intérieur se trouve *Petitt*, 8,000 habitants.

ÉTAT DE CHIHUAHUA. — 9,300 lieues carrées. 120,000 habitants; sol inculte, riches mines d'argent. Sur toute cette lisière se rencontrent les Indios Bravos : Acoclames, Cocóyames, Apaches, Comanches, Ohochismèques, infatigables maraudeurs toujours à la recherche d'une proie. Les habitants sont continuellement en guerre avec eux. Cap. *Chihuahua*, 15,000 habitants. Elle possède une académie militaire et une cathédrale.

ÉTAT DE DURANGO. — 7,300 lieues carrées et 200,000 habitants; pays fertile et abondant en toutes sortes de denrées. Les fruits du Durango jouissent d'une réputation méritée. Capitale *Durango*, 25,000 habitants, a été bâtie par Zembrano, un des plus riches mineurs du Mexique. C'est auprès de Durango qu'on trouve isolé, dans la plaine, un aérolithe qui pèse 1,900 myriagrammes.

Nombre de Dios 7,000 habitants. — *San Juan del Rio* 1,200 habitants.

ÉTAT DE COHAHUILA. — Le plus vaste et le plus populeux des États du Mexique. Il était joint naguère au Texas, dont les États-Unis se sont emparés en 1845. — Capitale Monclova 4,000 habitants.

Sancillo, 6,000 habitants.

ÉTAT DE NUEVE LÉON. — 2,580 lieues carrées. 85,000 habitants. — Cap. *Monterey*, 16,000 habitants. Commerce considérable, siège d'un évêché et d'une cour de justice.

ÉTAT DE TAMAULIPAS. — 5,200 lieues carrées. 60,000 habitants ; il renferme l'embouchure du Rio del Norte. Capitale *Aguayo*, qui compte 8,000 habitants.

Tampico de Tamaulipas petite ville sur le littoral, fondée en 1824 dans une contrée insalubre doit son accroissement rapide à son commerce.— *El Refugio*, place commerçante. *Altamira*, où l'on admire une montagne érigée par la main des hommes, très-élevée et coupée en pyramide.

ÉTAT DE SAN LUIS POTOSI. — 2,200 lieues carrées, 220,000 habitants. Cap. *San Luis Potosi*, célèbre par la richesse de ses mines d'argent, 40,000 habitants.

Guadalcazar et *Catorce* sont aussi renommées par leurs mines.

ÉTAT DE LA VERA CRUZ. — 2,700 lieues carrées, 260,000 habitants. Terrain bas et miasmatique. Cap. *Vera Cruz*. 16,000 habitants. En face de la ville à un kilomètre, s'élève sur une île le fort de *San Juan de Ulloa*, que l'exagération mexicaine a fait passer longtemps pour imprenable, et qui fut facilement emporté en 1838 après quelques heures de combat par l'amiral Baudin, qui venait réclamer la réparation de nombreux griefs. La Vera Cruz a été fondée par le comte de Monterey, gouverneur du Mexique. — Elle possède de très-belles promenades, sa cathédrale est vaste, mais l'architecture en est fort ordinaire. et le sol de la Vera Cruz, et des environs fait tache dans un pays favorisé à tant de points de vues. La campagne est dévastée et déserte. Le terrain est sablonneux et peu susceptible de culture. Des marécages pestilentiels entretiennent presque constamment la *fièvre jaune*, si fatale aux Européens; toutefois elle faiblit un peu en septembre.

Les denrées sont écrasées de droits. Quand elle était occupée par le parti constitutionnel, elle fournissait à tous les frais de ce gouvernement besogneux. — La plupart des impôts et des droits ont été conservés. — Les Européens sont fort surpris de voir les rues de cette ville fréquentées par des vautours qui semblent chargés du soin de la voirie.

Tampico, au nord de la Vera Cruz fait un commerce considérable. — *Perote* a 10,000 habitants : elle est bâtie en pierre et n'a qu'une rue bordée de maisons basses, tristes, sans fenêtres ni cheminées. — Elle a donné son nom à une montagne de porphyre basaltique moins remarquable par sa hauteur que par la forme bizarre de son rocher culminant. *Alvarado*, port commerçant, a 4,000 habitants.

ÉTAT DE PUEBLA. — 2,670 lieues carrées et 820,000 habitants. Le sol est fertile et comporte la plus grande diversité de cultures. Capitale, *la Puebla* 70,000 habitants.

La Pueble est une des plus riches, des plus belles cités du
Mexique. Elle se déploie sur le plateau d'*Anahuac*. Son
territoire est bien cultivé et les environs sont ravissants.
Les maisons sont régulières et propres, assez vastes et élevées de deux à trois étages. Les rues sont larges et pour-
vues de trottoirs. Il y a plus de soixante églises et une
vingtaine de couvents. Chaque maison à un patron religieux placé dans un lieu apparent : c'est le plus souvent
un enfant Jésus ou un saint en cire. — La cathédrale est
merveilleuse d'or et d'argent accumulés avec une incroyable profusion. Le grand autel forme lui-même une
église dans une église : il est construit avec les plus béaux
marbres, avec les pierres les plus précieuses du Mexique.
La maison de retraite spirituelle où les personnes qui se
préparent à recevoir les sacrements peuvent se retirer
pendant une semaine, sans rétribution, est un véritable
palais qui fait honneur aux sentiments religieux de la population.—On remarque encore à la Puèbla l'église Saint
Philippe de Nerri et celle du Saint-Esprit, ancienne propriété des jésuites, avec un vaste et beau collége y atte-
nant, l'église et le couvent de Saint-Augustin, l'église et
le couvent de Saint-Dominique.

Téhuacan avec 10,000 habitants. *Cholula*, dont Cortez
parle avec admiration dans ses récits, compte aujour-
d'hui à peine 6,000 habitants. C'est dans ses environs que
l'on remarque des pyramides construites en couches de
briques et d'argile.

Tlascala, 4,000 habitants, autrefois capitale d'un État
puissant. Elle a eu jusqu'à 300,000 habitants.

ETAT D'OAXACA, 4,455 lieues carrées, 600,000 habitants,

sol fertile, climat salubre. Cap. *Oaxaca* sur les bords du *Rio Verde*, 45,000 habitants. La ville, bâtie en pierres vertes, a un air de fraîcheur qui plaît au premier abord. — On y remarque le séminaire, la cathédrale, le palais épiscopal.

Tehuantepec, sur l'isthme de Tehuantepec, où l'on a projeté dans ces derniers temps un canal destiné à relier l'océan Atlantique et l'océan Pacifique. 8,000 habitants. *Mitla*, 800 habitants, se recommande par le grand nombre de ruines qui s'y trouvent.

ÉTAT DE CHIAPA, 5,000 lieues carrées, 130,000 habitants, est en partie occupé par de hautes montagnes. Cap. *Ciudadréal*, 4,000 habitants, siège d'un évêché, cette ville est située dans une contrée fertile, et elle renferme le tombeau de l'immortel Las Casas qui, dans les temps de l'oppression espagnole, fut le protecteur le plus actif des Indiens et contribua a adoucir leur sort.

Palenque, petit village près duquel on a trouvé les vestiges d'une vaste ville mexicaine. Ce sont les ruines les plus curieuses du Nouveau Monde.

ÉTAT DE TABASCO, 1,355 lieues carrées, 55,000 habitants. Cap. *Santiago de Tabasco* 6,000 habitants.

Villa Hermosa compte 8,000 habitants. — *Nuestra Señora de la Vittoria*, où aborda Fernand-Cortez et où il remporta sa première victoire sur les Mexicains.

ÉTAT DE YUCATAN, 6,260 lieues carrées, 520,000 habitants, forêts de campêche et d'acajou. Cap. *Merida*, 28,000 habitants ; siége d'un évêché et d'une cour de justice.

Campèche a 17,0 00 habitants. Son port est animé.

V̈ieille-Californie, 3,800 lieues carrées, 10,000 habi-tants, sol fertile, généralement sablonneux. Sur les côtes, on pêche des perles abondantes. — Quelques missions y ont été fondées par les Jésuites en 1697. Cap. *Loreto* 1,500 habitants.

État de Colima — sol très-fertile, 15,000 habitants. Cap. *Colima*, 6,000 habitants.

F I N

PARIS. — IMP. DE SOYE ET BOUCHET, PLACE DU PANTHÉON, 2.